AF349623

HISTOIRE
MEMORABLE
ET MERVEILLEVSE,

Aduenuë à Villeneufve de Berc en
Viuarets, au mois d'Octobre 1613.
d'vn homme de la Religion pretenduë reformée, blasphemant
contre l'Eglise Catholique, Apostolique & Romaine :

CONTENANT TOVT CE QVI S'EST
passé durant sa vie, & apres sa mort.

A PARIS,
Par FLEVRY BOVRRIQVANT, en l'Isle du
Palais, ruë traversante, aux Fleurs Royales.

Iouxte la copie imprimée au Puy en Auuergne,

AVEC PERMISSION.

AV LECTEVR.

My Lecteur, combien que l'erreur & opiniastreté des pretendus Reformez, soit dés long temps, & que leur Religion ait esté condamnée de tout temps de la bouche de Dieu, & par les tesmoignages & authoritez infaillibles des Docteurs de son Eglise, neantmoins la prouidence Diuine (ialouse de l'honneur de son Eglise, & soigneuse du salut de son peuple) nous en faict bien souuent voir au iour, par les effects de ses miracles. Nous en voyons tous les iours reüssir des merueilles, mesmement ayant ouy ces iours passez par l'organe de personnes d'honneur, dignes de foy, & de croyance, que Dieu par vn signalé miracle auoit monstré des effects de son iuste courroux contre vn de la Religion, pour la desobeïssance & irreuerence qu'il portoit à l'Eglise de Dieu, i'ay supplié vn de mes amis de tracer quelques lignes ſur ce ſubiet, & vous diſcourir au vray du faict de ceſt hiſtoire, afin que pluſieurs perſonnes à qui la nature a deſnié l'intelligéce des lettres, & les actiõs de l'eſprit, en tiraſſent quelque profit & vtilite, & s'affermiſſent d'autant plus par les merueilles de ceſt hiſtoire en la vraye foy, l'aſſeurance de leur ſalut. Tu receuras (Amy Lecteur) ces lignes portant aſſeuré teſmoignage du faict de ceſt hiſtoire, d'auſſi bon cœur que ie te les offre, ioyeux que tu en tires quelque profit, extremement marry que ie n'aye à mon pouuoir dés à preſent quelque choſe digne de toy : que ſi rien s'offre d'oreſenauant, prouenant de l'humeur de quelque ſubtil eſprit, & qu'il m'en vueille fauoriſer, dés ceſte heure ie te le dédie & deſtine, au gré de tes bonnes graces.

HISTOIRE MEMORABLE

& merueilleuse, d'vn de la Religion pretenduë reformée.

E Leopard selon l'opinion des Historiens est tellement ennemy de l'homme, que s'il en apperçoit quelque marque ou vestige tracée en terre, ne refuse de l'assaillir furieusement, de façon que ceux qui se veulent ioüer de la fureur de cest animal, & tirer certain plaisir & passetemps de sa cruauté, luy font voir le pourtrait de l'homme, contre lequel il se dresse si furieusement, qu'il le met en pieces: monstrant par ceste action furieuse combien grande est son inimitié, & mal vueillance enuers l'homme, puis qu'il traicte si cruellement son image & semblance: de mesme cest heretique, semblable à vn Leopard, assorti de mesme cruauté, & conditions, mortel ennemy de la Diuinité, ne pouuant toucher à icelle, moins obscurcir son lustre, a vomy de tout téps sa rage, & executé son dessein pernicieux contre l'Eglise Catholique, Apostolique Romaine, vraye image & semblance de la Diuinité, se riant & gauffant par fois des diuines Ceremonies & sacrez mysteres, qui pour l'edification de nos consciences se celebrent & practiquent religieusement parmi les fideles Chrestiés, à l'honneur tousiours & gloire de la Diuine Majesté : mais en fin toutes ces risées n'ont eu longue estenduë, & ne durent beaucoup, comme estant à la parfin infailliblement eschangées & conuerties en larmes, en douleurs & peines continuelles: pour s'estre mocqué des sainctes Ceremonies, & des œuures externes, desquelles vse l'Eglise Catholique en ses diuins offices. Non autre que telle qu'a esté sa vie, fust elle abandonnée aux dissolutions & scandales du péché, sa fin aura esté suiuie de rage & du desespoir de son salut : ce que nous voyons ordinairement en la pluf-part de ceux qui se despouillans de la clarté de ce monde, attaints du desespoir qui leur oste la repentance de leurs pechez, & la cognoissance de leur salut, se priuent tout à coup de la iouïssance bien-heureuse, & de la lumiere eternelle : ces bônes gens, quoy qu'autant de testes autant d'opinions, neatmoins en cela, se font ils tousiours ensemble bien accordez, de procurer la perte &

ruine de l'Eglise Apostolique Romaine, &
la despouiller tout a fait des sainctes Ceremonies, & des œuures externes, disans estre
superstitieuses, inutiles, & de nulle valeur:
ne considerant pas comme nous, que tout
ainsi que l'escorce d'vn arbre pour foible
& tédre qu'elle soit, peut neantmoins con-
seruer la force & vertu de l'arbre; de mesme aussi combien que les sainctes Ceremonies de l'Eglise semblent peu de chose, si
profitent - elles beaucoup pour la deffen-
ce & conseruation des vertus internes. Le
Psalmiste nous apprend que la gloire de
l'Eglise consiste en l'interieur, de façon
que la valeur & beauté des œuures exterieures doit proceder de l'interieur de l'a-
me, veu qu'en icelle est l'vsage du liberal
arbitre, suiui de la diuine grace & de la cha-
rité, par lesquelles les œuures exterieures
sont agreables à la diuine Majesté: d'ail-
leurs que la vertu d'vn homme iuste ne
consiste pas du tout à l'interieur, mais bien
encore aux œuures exterieures, combien
qu'elles dependent de l'interieur. De plus
les Ceremonies sont necessaires, d'autant
que la nature ayant fauorisé les vns plus
que les autres des dons de l'entendement,
& des actions de l'esprit, & que les vns sont

plus foibles, groſſiers & imparfaiats que les autres, iugeans des choſes pluſtoſt par leur apparence exterieure, que par leur valeur. C'eſt pourquoy les ceremonies de l'Egliſe ſont vtiles & conuenables à telles perſonnes, à fin que par icelles, rauis & eſmeus de telles magnificences & diuerſité des choſes ſi rares, naiſſe dans leur cœur quelque deſir de ſeruir & honorer ceſte diuine & incomprehenſible Majeſté : mais venons au but & proieat de ce diſcours. C'eſt qu'auiourd'huy le bruit court par tout, comme auſſi la verité eſt telle, que dans la ville de Villeneufve de Berc en Viuarets, vn certain nommé Taillan, de la Religion pretenduë reformée, le nom duquel ie n'ay voulu paſſer ſoubz ſilence, pour rendre ſa memoire autant odieuſe à la poſterité, que ſa fin conforme à ſa vie eſt pernicieuſe & eſpouuentable. Ce miſerable, parmy vn million de blaſphemes qui naiſſoient à toute heure de ſa bouche, le plus frequent & commun eſtoit, qu'il diſoit que rien de plus mal-heureux ne pouuoit arriuer à vn homme en ce monde qu'eſtre Chreſtien & Catholique, & ſuiure la loy de l'Egliſe Apoſtolique & Romaine. O blaſpheme execrable ! qui deuoit forcer la terre à s'ous'ouurir, à la prolation de tels accents, pour engloutir & abiſmer en vie celuy qu'elle enſenelit apres ſa mort au profond des abiſmes. Ce miſerable parmy le cours de ſa vie deteſtable, prenoit vn ſingulier contentement à mocquer & gauſſer nos Eccleſiaſtiques en leurs chants & ceremonies: & pour mieux ſe donner carriere de rire, il s'aſſocioit le plus ſouuent de ſes ſemblables, & toutes & quantesfois qu'il oyoit chanter nos Preſtres dans l'Egliſe à leurs offices, ou aux enterremens, il crioit inſolemment tout haut, *Oyez braire les Aſnes*, au ſcandale des ſeruiteurs de Dieu. Arriua que par punition Diuine il tomba en vne griefve maladie, de laquelle comme forcené & deſeſperé il mourut, pendant laquelle maladie il fut merueilleuſement aſſailly de pluſieurs fantoſmes, & viſions, qui luy paroiſſoient à toute heure, entre autres d'vn grand nombre de certains moucherons qui volletoient à l'entour de ſon lict, qu'on ne peut par aucune violence repouſſer, auec l'eſtonnement de ceux qui y aſſiſtoient: le iour arriué de ſon enterrement ſes confreres l'accompagnant en ce dernier office, ſuruint miraculeuſement vn aſne qui le ſuiuit pas à pas, brayant apres

B

luy iufqu'au tombeau, fans que perfonne
des affiftans peut empefcher auec toute
leur force & pouuoir le cry efpouuentable,
moins l'affiftance & compagnie de ceft
animal : l'enterrement fait, l'afne difparut
miraculeufement : le lendemain quelques
vns par curiofité vifitans fa tumbe n'y trou-
uerent point fon corps, & la terre où il
eftoit enterré s'eftoit enfoncée, comme ne
pouuant fupporter le faix, qui feul pour l'é-
normité & pefanteur de fes vices auoit efté
deftiné pour les enfers, fi Dieu n'en a mife-
ricorde.

CEfte hiftoire fi recente, aduenuë
en la face de plufieurs de voftre
troupe (Meffieurs les Reformez) ne
vous doit-elle feruir de correction &
d'amendement à l'aduenir ? viurez-
vous d'orefenauant en femblable erreur & aueuglement que ce pauure
deffunct voftre compagnon ? attendez-vous côme luy le Royaume des
Cieux en vices, fcandales, diffolu-
tions, guides de voz opiniaftretez &
erreurs ? attendez-vous la lumiere

dans les flammes ? ne craignez-vous
pas que la lumiere de vie, à laquelle
vous auez esté appellez, ne soit par
voz pechez & demerites eschangée
en ombre & tenebres de mort? *Væ
impio in malum*, malheur à vous qui
perseuerez en voz opiniastretez, qui
vous rendent de tres-mauuaise o-
deur à Dieu & aux Anges, corrigez-
vous hardiment, venez à resipiscen-
ce, nettoyez voz consciences, que la
honte du reproche de ceux de vostre
trouppeau (pour vous estre achemi-
nez à vne saincte conuersion) ne vous
disgracie de la misericorde Diuine, &
ne vous rende honteux & confus
lors que paroistrez coulpables de-
uant le throsne de la Royalle Majesté, pour receuoir condemnation de
vos fautes & demerites. Les sainctes
admonitions de tant de saincts per-
sonnages, la deuotion de tant de
bons Religieux, la gloire du Paradis,

les peines de l'enfer, la vie & la fin miserable de cestuy voſtre compagnon, tout cela joint enſemble ne vous ſçauroit-il ſeruir d'exemple & d'eſguillon, pour à l'aduenir édifier vos conſciences, & conuertir vos cœurs endurcis & obſtinez en leurs iniquitez? chaſſez la honte qui vous recule de voſtre ſalut, oſtez l'aueuglement qui vous plonge dans l'eau bourbeuſe de l'hereſie, qui vous rend plus noirs que l'encre, plus triſtes & mal contents que la nuiſct, afin que deſpouillez de toutes les ordures du peché, & vos ames bien purifiées, vous paroiſſiez auec allegreſſe à la face du Seigneur plus blancs que n'eſt la niege, pour iouyr auec tous les bien-heureux des fruicts de la gloire eter-nelle. Ainſi ſoit-il.

F I N.